Klaus Eckert

Traumanlagen

für die H0-Märklin-Modelleisenbahn

märklin

Traumanlagen

Waren Sie schon einmal im Miniatur-Wunderland Hamburg, in der Modellbahnshow Merklingen oder im Märklin-Museum in Göppingen? Oder auf einer der beliebten Publikumsmessen, die von Nord bis Süd unzählige, schaulustige Besucher anlocken? Dann sind Sie mit an Sicherheit grenzender Wahrscheinlichkeit auch von den dort ausgestellten, wunderbaren Anlagen entzückt gewesen. Ja, ein solches Platzangebot sollte man zu Hause auch vorfinden. Vielleicht findet sich ein Raum, sobald sich Tochter und Sohn aufgemacht haben, eigene Pfade zu beschreiten. Dann darf endlich gebaut, geschraubt und gesägt werden. Es macht ungemein Spaß. Das werden all diejenigen bestätigen, die es schon einmal ausprobiert haben. Und wenn dann die ersten Züge planmäßig ihre Fahrt auf der selbst gestalteten Anlage aufnehmen, wähnt man sich flugs im so und so vielten Himmel der Modellbahnerei. Das Spiel mit den kleinen Zügen ist und bleibt eine der schönsten Freizeitbeschäftigungen, die man sich vorstellen kann.

Für alle Modellbahnfreunde, die schon vorweg von der Freizeitbeschäftigung träumen wollen, die einmal für ihre tiefe Zufriedenheit sorgen wird, habe ich wunderschöne, großformatige Bilder von prächtigen Anlagen für dieses Buch ausgewählt. Es möchte einerseits zeigen, was in Sachen Modellbau alles möglich ist, und diejenigen, die sich nicht dazu berufen fühlen, selbst mit einem Werkzeug zur Tat zu schreiten, Anteil haben lassen an dem, was andere in geduldiger und zutiefst erbauender Tätigkeit geschaffen haben.

Also kurzum, viel Spaß beim Betrachten der brillanten Bilder und natürlich auch beim Basteln und Spielen auf der Märklin-Anlage.

Ihr

Klaus Eckert

INHALT

Bord Restaurant
McDONALD's ...mmmhhhh
Kraftverkehr
Torgau
DB Cargo

Miniatur-Wunderland

Am Rande einer großen Stadt laufen mehrere Schienenstränge zusammen. So saust oben auf der Neubaustrecke eben ein ICE vorbei. Auf der darunter liegenden Ebene fährt von rechts eine Rollende Landstraße mit einer 141 heran. Der umgebaute Schnellzugwagen für die LKW-Fahrer hängt direkt hinter der Lok, um beheizt werden zu können. Im Bildvordergrund hält ein 628.2, um Berufspendler aussteigen zu lassen. Er trägt noch die ozeanblau-beige Lackierung aus der Epoche IV. Die beiden von links herannahenden 152 mit DB-Cargo-Logo sind mit einem Güterzug unterwegs.

Epoche V

Miniatur-Wunderland

Epoche V

Man stelle sich vor, vielleicht vom 12. Stock eines Hochhauses das Bahnhofsareal einer größeren Stadt zu überblicken. Das Paradepferd der jüngsten Eisenbahnepoche, eine Güterzuglok der Baureihe 182, durchfährt mit seiner Wagenschlange die Bahnsteighalle. Moderne Bauwerke weisen ebenfalls auf die Epoche V hin. So ist beispielsweise eine stählerne Eisenbahnbrücke rechts im Hintergrund zu sehen, auf der ein weiterer Frachtzug, gezogen von einer DB-Cargo-Lok, das Stadtgebiet verlässt.

FERCAM

Nordwaggon
TRANSWAGGON
ICE

Miniatur-Wunderland

Epoche V

Diese Bahnhofsszenerie könnte in der Gegend von Garmisch-Partenkirchen, im Werdenfelser Land, spielen. Ein Güterzug, gezogen von einer 140, und ein ICE 3 kreuzen in dem Bahnhof des beschaulichen kleinen Ortes, der sehr malerisch zu Füßen einer Bergkette liegt. Reisende, die hier Urlaub machen möchten, kommen in der Regel mit einem Nahverkehrszug an. Der weiße Flitzer mit Ziel Garmisch-Partenkirchen durchfährt den Bahnhof dagegen ohne Halt.

Epoche V

Die besondere Bahnhofsatmosphäre wird spürbar, wenn das Tageslicht schwindet. Nur die Bahnsteiglampen und die Beleuchtung der Wagen und Triebfahrzeuge sorgen für Helligkeit. Jeder Zug bildet dann eine Welt für sich, in die der Betrachter am liebsten gleich eintauchen möchte. Die Gedanken sind schon auf der Fahrt zu einer fernen Stadt. Im Speisewagen sitzt man bequem, bei einem Glas Wein in ein anregendes Gespräch vertieft.

KNUFFINGEN

Miniatur-Wunderland

Epoche V

Im Bogen liegende, geneigte Steinviadukte, wie der hier im Modell gezeigte, finden sich meist auf Gebirgsstrecken. Mit Hilfe solcher und anderer Kunstbauten überwinden die Züge große Höhenunterschiede. Diese Wagenschlange fährt mit einer Elektrolokomotive der Baureihe 151 an der Spitze talwärts. Der Zug besteht aus einer bunten Palette unterschiedlicher Güterwagenarten. Jedes der Fahrzeuge wurde gealtert und besticht daher durch eine große Vorbildtreue.

RAILSHIP

GALVANISCHER BETRIEB
Paul Sedlicek & Sohn · seit 1912
VORSICHT REIZSTOFF!
Eintritt verboten!

Miniatur-Wunderland

Epoche V

Eine Fabrik mit Gleisanschluss gab es in früheren Eisenbahnepochen sehr häufig, vorausgesetzt der Betrieb war in der Nähe einer Bahnstrecke angesiedelt. Heute geht der Trend bei der DB AG dahin, Anschlussgleise stillzulegen. Doch hier im Modell ist die gute alte Eisenbahnzeit erhalten geblieben. Auf dem Ladegleis des galvanischen Betriebes wartet ein Güterwagen. Diesen wird die V 100 bald an ihren Haken nehmen und ihn als Übergabezug zum nächsten Bahnhof fahren.

Miniatur-Wunderland

Epoche V

Seit 2001 können die Freunde der kleinen Eisenbahn in der Hamburger Speicherstadt eine Modellanlage der Superlative bestaunen. Das Miniatur-Wunderland zeigt verschiedene Landschaftstypen, eine Vielzahl an Haupt- und Nebenstrecken sowie unzählige Detailszenen. Auf der bald 2000 Quadratmeter messenden Fläche kann auch dieses alpenländisch anmutende Motiv entdeckt werden. Eben fahren zwei Märklin-Triebzüge der Baureihe 628.2 an einem hübschen Dorf vorbei. So attraktiv kann sich der moderne Nahverkehr präsentieren – im Modell wie auch in der Realität.

Miniatur-Wunderland

Epoche V

Auf mehreren Ebenen kreuzen sich am Rande einer Großstadt die Bahntrassen. Auf der mächtigen Gitterbrücke ist eine 182 mit einem Zug des Kombinierten Ladungsverkehrs unterwegs. Auf den Gleisen darunter strebt ein ICE 1 seinem Ziel entgegen. Weiter vorne sind die Stützmauern eines Überwerfungsbauwerks zu erkennen, mit dessen Hilfe sich die eingleisigen Nebenbahngleise niveaufrei kreuzen.

GRUBER
FERCAM
GRUBER

Dem Adler auf der Spur

Epoche I

Beim Anblick des Adler-Zuges erscheint der Betrieb eines Zuges in der Pionierzeit der Eisenbahn eine höchst komplizierte, fast abenteuerliche Angelegenheit gewesen zu sein. Konzentriert blickt der Herr Lokomotivführer auf die Strecke. Als Fachmann ist er gleich mit der Maschine zusammen aus England „importiert“ worden. Damit den Reisenden in den Wagen nichts passiert, wacht ein Bremser auf seinem Hochsitz, dem „Cabriolet“, über die kleine Wagenschlange. Mit einem Trompetensignal hatte er den Lokführer aufmerksam zu machen, wenn ihm etwas Außergewöhnliches oder Gefahrenvolles auffiel. Außerdem bediente er, wenn nötig, den Wagen-Bremshebel.

Das Länderbahn-Bw

Epoche I

Als Endpunkt einer beschaulichen Nebenbahn macht sich diese kleine Lokstation besonders gut. Die wenigen, zur Versorgung der Tenderlokomotiven notwendigen Einrichtungen sind rasch aufgezählt: ein Kohlenbansen mit handbedienbarem Kran, ein Wasserkran und natürlich ein einständiger Lokschuppen. Hier ruhen die Loks nach getaner Arbeit. Die schöne Birke hinter dem Schuppen entstand im Eigenbau aus Meerschaum und Silflor-Material.

Ruine hoch über dem Dorf

Epoche III

Was mag das für eine prächtige Burg gewesen sein, ehe die Schweden oder Franzosen sie in blutiger Fehde eingenommen und niedergebrannt haben? Wir wissen es leider auch nicht. Der Modellbahner schätzt die Bausätze von Manfred Luft, mit denen er romantische Ruinen, hoch über dem Dorf, platzieren kann.

Großstadtimpressionen

Epoche V

In diesem Bahnhof geben sich verschiedene Personenzüge ein Stelldichein. Auf Gleis 1 ist eben der Stadtexpress eingefahren. In den beiden Doppelstockwagen ist genügend Platz für alle Berufspendler, die an diesem frühen Morgen schon unterwegs sind. Schnellzugwagen, darunter einen SBB-Panoramawagen, führen die 101 im Blümchen-Werbedesign und die 103 im Lätzchen-Look mit. Die Vorserien-103 wird gleich als Museumslok einen Sonderzug bespannen.

Großstadtimpressionen

Epoche V

Ein dichtes Eisenbahnnetz, zahlreiche Güterumschlagplätze mit bester Straßenanbindung und ein reger Güterverkehr. Auf Modellanlagen wird dieses Wunschbild der Eisenbahnfans mit großer Freude an detaillierter Ausgestaltung bisweilen umgesetzt – auch wenn die Realität vielerorts leider anders aussieht. Das Thema Güterverkehr erlaubt dem Modelleisenbahner den Einsatz vieler interessanter Fahrzeugmodelle. Die Ladegüter, wie beispielsweise Stammholz, entstehen oftmals im Eigenbau.

HOESCH
Rail Cargo Austria
Rail Cargo Austria

Reise durchs Mittelgebirge

Epoche III

Zuerst war die Natur da, dann kam die Eisenbahn. Genau nach diesem Grundsatz haben die Erbauer hier gehandelt. Ein Fluss hat sich im Laufe der Jahre sein Bett geschaffen, welches nun von einer zweigleisigen Hauptstrecke und einer eingleisigen Nebenbahn überbrückt werden will. Die Nebenbahn endet auf der linken Seite in einem Kopfbahnhof, während sie rechter Hand in eine weitere eingleisige Strecke mündet.

Reise durchs Mittelgebirge

Epoche IV

Die Zeit der Dampfrösser neigt sich in der Epoche IV sehr schnell dem Ende entgegen. Nur mehr wenige Baureihen sind im Einsatz. Zu ihnen zählen die ölgefeuerten Jumbos der Baureihe 44. Vor schweren Güterzügen auf den Rampen der Mittelgebirge sind sie zuverlässig unterwegs. Doch der Wandel in Sachen Traktion deutet sich an: Die Strecke ist bereits elektrifiziert. Doch für die kleine Pilgerschar ist der unverwechselbare Klang der dreizylindrigen Kolosse Musik in den Ohren.

Hamburg - Dammtor
EUROP EXPRESS
LUCKY

Willkommen in Hamburg

Epoche III

Mit den Bausätzen von Trix lässt sich ein prächtiges Bahnhofsareal mit der mächtigen Bahnhofshalle im Mittelpunkt gestalten. In Epoche III hing im Bahnhof Dammtor noch kein Fahrdraht. Folglich waren es noch nicht die Elektroloks, sondern der VT 11.5 oder die mächtige Schnellzugdampflokomotive der Baureihe 01.10, die das Bild der Eisenbahn zu jener Zeit prägten.

TRANS EUROP EXP

Willkommen in Hamburg

Epoche III

Mit dem Bausatz einer Unterführung von Faller lässt sich der Hamburger Bahnhof Dammtor stilgetreu verlängern. So bieten sich vielfältige Möglichkeiten der Ausgestaltung an. Typische Szenen aus dem Großstadtviertel, wie die hier gezeigte, können vor dieser Kulisse glaubhaft nachgestellt werden. Die Unterhaltung der Protagonisten wird durch den vorbeibrummenden VT 11.5, der in einer Sonderleistung bis Hamburg gekommen ist, kurzzeitig übertönt.

Neubaustrecken

Epoche V

Die Mannschaften stehen bereit zum Einsatz. Alles läuft nach Plan. Zusätzlich zum Tunnelrettungszug bietet Märklin ein Ergänzungsset an, das unter anderem einen Feuerlöschwagen, Rollwagen und einen Figurensatz mit Feuerwehrmännern enthält. Aus diesem Zubehör und anderen passenden Wagen und Figuren, wie zum Beispiel den Mannschaften des THW, lässt sich die Szenerie am Streckenrand recht lebendig gestalten.

Neubaustrecken

Epoche V

Mit dem Transportwagen an erster Position fährt die 714 (ex 212) mit ihrem Tunnelrettungszug in den Neubautunnel ein. Ein Übungsmanöver soll der Rettungsmannschaft Routine für den Ernstfall verschaffen. Der Tunnelrettungszug ist Bestandteil eines ausgefeilten Sicherheitskonzeptes, das sich die Bahnverantwortlichen für den Hochgeschwindigkeitsverkehr erdacht haben. Auch im Original ist der Zug jederzeit einsatzbereit, d. h. sämtliche Aggregate werden stets auf Betriebstemperatur gehalten. Die Rettungszüge sind in Kornwestheim, Mannheim, Würzburg, Fulda, Kassel und Hildesheim stationiert.

NOTARZT

Beschauliche Länderbahnzeit

Epoche I

Das Vorbild des 1908 eröffneten Haltepunktes Dillstein existiert heute leider nicht mehr. Damals waren die Bewohner des Dillweißensteiner Ortsteils Dillstein froh, dass sie endlich eine eigene Zustiegsmöglichkeit an der Nagoldtalbahn hatten. Denn der eigentliche Bahnhof lag so ungünstig, dass man zu Fuß noch schneller in Pforzheim war als mit der Eisenbahn. Im Modell lebt der Charme der kleinen Bahnstation weiter. Eben ist eine T 5 von Märklin mit ihrem Personenzug eingefahren. Nach kurzem Halt wird sie ihre Fahrt fortsetzen. Damals, zur Länderbahnzeit, war die T 5 samt Personenzug öfters zu Gast in den ländlichen Bahnstationen.

1206

Beschauliche Länderbahnzeit

Epoche I

Ein heißer Sommertag. Der sonntägliche Personenzug nach Pforzheim steht noch im Haltepunkt Dillstein. Bis auf einen sind auch schon sämtliche Fahrgäste eingestiegen. Es werden jedoch noch ein paar Minuten vergehen, bis der Lokführer den Abfahrtsbefehl erhält. Warum also Eile haben, zumal das Dienstgebäude so viel Gemütlichkeit ausstrahlt? In der Erinnerung hatte es schon etwas – das gemächliche Reisen mit der Bimmelbahn.

Rama

Geislinger Steige

Epoche II

Das kann man sich heute kaum vorstellen: In diesen schlichten Bauten lebten ganze Familien. Während das Oberhaupt auf seinem Posten stand, legten die anderen Familienmitglieder Gärten an und hielten Kleintiere, wie Hühner und Ziegen. Georg Kerber hat dieses Gebäude im Eigenbau realisiert und mit viel Liebe ausgestaltet. Es steht auf einer Anlage, welche die Geislinger Steige (Strecke Stuttgart – Ulm) wiedergibt.

E
A

Geislinger Steige

Epoche II

In früheren Zeiten war die Eisenbahn noch für die Versorgung ländlicher Gegenden zuständig: die Anlieferung und Abholung von Gütern. So kamen beispielsweise Kohle und industrielle Produkte mit der Eisenbahn in die Region, während landwirtschaftliche Erzeugnisse den umgekehrten Weg in die Städte nahmen. Hier ist eine typische Szenerie aus der Reichsbahnzeit zu sehen. Eine 92 zieht leise schnaufend ihre Übergabe in den ländlichen Bahnhof.

92 705

Geislinger Steige

Epoche I

Auch wenn in den Augen streng puristischer Modellbahner eine solche Begegnung zweier Klassiker der Schiene aus längst vergangenen Tagen unmöglich ist, haben wir sie nachgestellt: Die bayerische Mallet Gt 2 x 4/4 trifft auf die württembergische Klasse K, eine sechskupplige Dampflok, die nach wie vor zu den schönsten Märklin-Lokomotiven zählt.

Geislinger Steige

Epoche I

In der Lokstation erfuhr die Württemberger T 18 eine gründliche Untersuchung. Es waren keinerlei Mängel feststellbar. Also schnaufte die Tenderlok, nachdem das Bw-Personal die Vorräte an Wasser und Kohle ergänzt hatte, zum nächsten Dienst. Mit ihrem Personenzug, bestehend aus stilechten Württemberger Plattformwagen, hat sie nun bereits den Bahnhofsbereich verlassen und fährt auf der Hauptstrecke ihrem Zielort entgegen.

4
3807
4

Kohleverladung

Epoche II

Diese Gt 2 x 4/4 hat ihre Kohleselbstentladewagen in einer bayerischen Zechenanlage punktgenau an die Laderutschen des Längsbunkers rangiert. Lokführer und Rangierer können zufrieden sein. Bei der Lokomotive handelt es sich um eine Mallet-Bauart, benannt nach dem Schweizer Erfinder Anatole Mallet. Maschinen dieser Bauart sind als Gelenk- bzw. Verbundlokomotiven ausgeführt. Sie verfügen über zwei Triebwerksgruppen. Die Erste ruht auf dem vorauslaufenden Triebdrehgestell, die Zweite ist im Hauptrahmen gelagert.

Kohleverladung

Epoche I

Eben ist die Gt 2x4/4 der Königlich Bayerischen Staatseisenbahnen bei der Verladeeinrichtung einer bayerischen Zechenanlage angekommen. Der Lokführer ist ausgestiegen und begrüßt den Lademeister. Für ein kurzes Schwätzchen war damals wohl noch reichlich Zeit. Doch wenig später wird er die mächtige Mallet-Lokomotive ihre Selbstentladewagen so positionieren lassen, dass sie am Längsbunker direkt unter den Kohlerutschen zu stehen kommen.

J.A.MAFFEI
MÜNCHEN
Nº 5338 – 1923
Gt2 × 4/4
Bayern
C

Moderne Modulanlage

Auf dieser Anlage, angesiedelt in der Epoche V, verkehren alle Arten von Zügen. Die Regionalbahnen, Nachfolger der einstigen Nahverkehrszüge, gaben, ehe sie alle im einheitlichen Verkehrsrot lackiert wurden, ein buntes Bild ab. Wo jetzt nur noch Baumstümpfe zu sehen sind (von Heico), stand scheinbar früher ein dichter Wald. Die Oberleitung wurde aus dem Sortiment von Märklin gestaltet.

Moderne Modulanlage

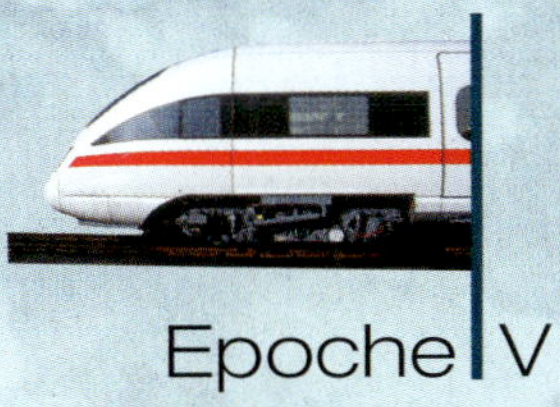

Sowohl in Natura als auch im Modell macht sich die kanarienvogelgelbe 101 als erfrischender Farbtupfer ausgesprochen gut. Sie ist in Sachen Fußball unterwegs und schleppt einen InterRegio. Die blau-weißen Wagen ergeben zusammen mit der gelben Lok ein gefälliges Bild. Im Inneren der Wagen genießen die Reisenden auch in der 2. Klasse angenehmen Komfort dank durchdachter Sitzplatzgestaltung. Auch ein Bistro-Wagen ist eingereiht, in dem Kaffee und Kuchen oder kleine Speisen eingenommen werden können. In der Realität fahren seit 2003 keine InterRegio-Züge mehr.

Moderne Modulanlage

Epoche V

Bei diesem RegionalExpress ist der Übergangszustand von der Epoche IV zur Epoche V schön dokumentiert. Während die Lokomotive, eine Vertreterin der Baureihe 111, noch im Ozeanblau-Beige der Bundesbahnzeit unterwegs ist, zeigen die hinter ihr herrollenden Silberlinge teils schon den rotweißen Lack der DB AG. Denn die neue Bahngesellschaft, die nach der Wende durch den Zusammenschluss von DDR-Reichsbahn und Bundesbahn entstand, konnte natürlich nicht schlagartig alle Fahrzeuge mit der neuen Lackierungsvariante versehen. Modellbahner zeigen also mit solchen „bunten" Zügen ein durchaus authentisches Bild.

Moderne Modulanlage

Epoche V

Der Hof von Landwirt Ludwig Meier liegt direkt neben einer Eisenbahn-Hauptstrecke. Fragen ihn Besucher nach seiner Einstellung zur Bahn und der mit ihr zusammenhängenden Geräuschkulisse, lässt er nur ein gleichmütiges Brummeln hören. Der Lärm der Züge störe weder ihn noch die übrigen auf seinem Hof wohnenden Familienangehörigen. Man habe sich längst an das hörbare Rollen der Räder und Rauschen der Lokantriebe gewöhnt. Eben begegnen sich eine 151 und eine Taurus-Lokomotive auf Höhe des Bauernhofes.

ÖBB
FERCAM

Moderne Modulanlage

Epoche V

Eine Paradestrecke wirkt wie eine Theaterbühne. Eben tritt eine 152 mit ihrem bunt zusammengestellten Güterzug aus dem Tunnelportal ins Rampenlicht. Die Lokomotive sowie ihre ersten beiden Wagen, ein Kessel- und ein vierachsiger Rungenwagen der Gattung Snps, der mit Stammholz beladen ist, sind vorbildgetreu gealtert. Neugierig verharrt der Betrachter in Erwartung der nachfolgenden Fahrzeuge. Denn das, was er bereits erblickt hat, lässt ihn auf weitere, interessante Auftritte hoffen.

FERCAM
FERCA
ÖBB

Moderne Modulanlage

Epoche V

Im internationalen Güterverkehr sind Langläufe zwischen zwei Ländern an der Tagesordnung. Während Güter- und Personenzugloks der DB AG bis weit nach Österreich vordringen, kommt der ÖBB-Taurus bis nach Maschen, in den hohen Norden Deutschlands. Dies kann der Märklinist auf seiner Anlage problemlos darstellen. Ein Stier aus Österreich ist hier auf einer DB-Strecke zu sehen. Das C-Gleis wurde zusätzlich eingeschottert und mit Airbrush dezent gealtert.

Ankunft in Wasserburg

Epoche V

Obgleich die 103 nicht zu den modernen Fahrzeugen der DB gehört, macht sie vor dem eleganten Schweizer Panoramawagen eine gute Figur. Vor kurzem ist sie mit ihrem Zug in den Bahnhof Wasserburg eingefahren und am mittleren Bahnsteig zum Stehen gekommen. Die Fahrgäste haben die Wagen verlassen. Einige steigen in den auf Gleis 1 wartenden IC um. Andere streben dem Ausgang zu. Sie sind bereits am Ziel ihrer Reise angelangt.

DIE WELT
DB Cargo
KVG

Dörfliche Idylle zur Reichsbahnzeit

Epoche II

Obwohl die bemühten Hersteller von Zubehör sich immer wieder etwas Neues einfallen lassen, fühlen sich viele Modellbahner aufgerufen, ihre eigenen Häuser zu bauen. Jörg Chocholaty hat dieses Gebäude nach einem wirklich existierenden Haus exakt nachgebaut. Die nette Szenerie ist irgendwann in den frühen 30er Jahren angesiedelt.

LIEBIG

Am Rande der Stadt

Epoche IV

Auch heute finden sich in der Umgebung von Bahnanlagen die typischen Schrebergärten. Denn es geht nichts über knackig frisches Obst und Gemüse. Da weiß man auf jeden Fall, was man im Topf und Teller hat. Solche Gärten sollten keinesfalls im Modell fehlen. Während eine V 100 nebst Umbauwagen einen abendlichen Pendlerzug am Haken hat, sind die Hobbygärtner dabei, ihren Feierabend zu gestalten.

Epoche II

Die stromlinienverkleidete 05 stellte 1936 einen Weltrekord für Dampflokomotiven auf. Stolze 200,4 km/h erreichte die Lok damals. Die Maschine von Märklin ist vorzüglich ins Modell umgesetzt worden. Jörg Chocholaty hat die Lok samt passenden Schürzenwagen dezent gealtert und so ein einzigartiges Unikat geschaffen.

TRANS EUROP E

Epoche III

Frisch gefallener
herrlich wi
allerdings nicht
folglich auch n
VT 11.5 durch di
freut sich ein junge
an dem der Rodel vom

’

venn man eigentlich die moderne Eisenbahn
ı will, aber andererseits auch die heimliche
gute alte Dampfeisenbahn, nicht zu kurz
assen will? Ein Museums-Bw kann beides,
ɔildgetreu nebeneinander verwirklichen.
hönen Wochenenden im Sommer finden
ı den ausgestellten Dampfern in freudiger

EISENBAHN-MUSEUM
WALDBRUNN

Mekka der Eisenbahnfans

Epoche V

Nein, eine blaue S 3/6, das gab es nie. Mit gestrengem Blick und abschätziger Geste weist der orthodoxe Purist darauf hin. – Aber es gab sie doch! Märklin ließ die Nördlinger Original-S-3/6 in einem gediegenen Blauton lackieren und setzte sie vor Sonderzügen ein. Und wir Modellbahner nehmen die blaue Schönheit allzu gerne als Gast in unserem Museums-Bw auf.

In der Lokstation

Epoche II

In der Lokstation ist Hektik ein Fremdwort. Die kleinen Dinge das Alltags bestimmen das Leben der Menschen. Die neue Dampfwalze der Gebr. Märklin weckt das Interesse. Vor dem Tor stehen zwei Neugierige, aber das Betreten des Eisenbahngeländes ist leider nicht gestattet. Und der Rangierer erzählt dem Lokführer eben die Probleme mit seinen Schafen. Gute alte Zeit der Epoche II.

Typische Kunstbauten

Epoche II

Wie schön ist es doch, wenn man von einem erhöhten Standpunkt aus auf ein dahineilendes Dampfross hinabblicken kann. Die Württemberger C hat auf der leicht abschüssigen Strecke den Regler geschlossen und zeigt daher keine Dampffahne. Doch auch ohne weiße Wolken vermag die formschöne Lok mit ihren DRG-Wagen den Betrachter zu beeindrucken. Lässt man den Blick von den Betonmauern des Überwerfungsbauwerks nach unten rechts schweifen, erblickt man ein weniger auffälliges, aber nicht minder interessantes Anlagendetail, einen Durchlass mit sorgfältig eingefasster Wasserrinne.

Nº 3447 ESSLINGEN 1909
C
2004

Haupt- und Nebenbahn

Epoche III

Die zweigleisige Brückenkonstruktion aus Stahlfachwerk befindet sich auf einer Hauptstrecke, die regelmäßig Schnellzüge und lange Güterzüge sieht. Während also auf der oberen Ebene der schnelle Durchgangsverkehr vorüberzieht, macht sich im „Tal" Eisenbahnidylle breit. Der kleine Bahnhof strahlt Beschaulichkeit aus. Wer hätte in Epoche III geahnt, mit welchen Geschwindigkeiten die Züge Jahrzehnte später auf den Neubaustrecken dahinbrausen würden? Am unbeschrankten Bahnübergang war noch Zeit für ein Schwätzchen. Güterzüge, und waren sie noch so kurz, zuckelten, z. B. mit einer V 100 an der Spitze, auch zum entlegensten Bahnhof, um ihre Fracht am Bestimmungsort abzuliefern.

Brücken im Gebirge

Epoche III

Sie sind das Salz in der Suppe einer großen Anlage: mächtige, im Eigenbau entstandene Brücken. Diese misst beinahe 150 cm in der Länge, bei einer Höhe von fast 40 cm. In diesem Fall sollte die Anlage schon etwas größer sein, damit das Teil auch richtig zur Geltung kommt. Da wirkt selbst die Drillings-Schnellzuglok der Baureihe 01.10 samt Schnellzug nicht unbedingt dominant.

Alpentransversale

Von Faller stammt das Modell der Bietschtalbrücke, dessen Vorbild im Schweizer Kanton Wallis in schwindelerregender Höhe den Bietschbach überspannt. Auf dieser Anlage zeigt sich der Herbst in leuchtenden Farben. Das ist schön anzuschauen und sollte auch anderen Bauherren mutmachen, ihre Anlagen nicht immer nur im satten Grün des Mitsommers darzustellen. Den stilechten SBB-EC bespannt eine der 460 aus der begehrten Swiss-Collection von Märklin.

SBB CFF FFS
SBB CFF FFS

Bahnhofsdurchfahrt

Epoche III

Der VT 11.5 war als TransEuropExpress berühmt für seinen Laufweg, der ihn quer durch Deutschland führte. Hier passiert der elegante Zug einen Unterwegsbahnhof, ohne einen Halt einzulegen. Aufmerksamkeit erregt er wegen seines außergewöhnlichen Aussehens aber in jedem Fall. So bleiben auch hier die Passanten am Streckenrand stehen, um den vorüberfahrenden Zug zu bestaunen. Vielleicht wünschen sich die beiden Herren links im Bild gerade, auch einmal eine Fahrt mit dem Luxuszug unternehmen zu können?

EXPRESS
TEE

92 508

Bimmelbahn-Romantik

Epoche II

Ländliche Idylle und eine Streckengestaltung mit den typischen Merkmalen einer Nebenbahn lassen die Erinnerung an die gute alte Eisenbahn auf dieser Modellbahnanlage wach werden. Die Trasse schlängelt sich an mauergestützten Hängen entlang. In ihrer unmittelbaren Nachbarschaft liegen landwirtschaftlich genutzte Flächen, Wiesen und Wäldchen. Die 92 705, Tenderlok aus dem Hause Märklin, schleppt einen typischen Güterzug der DRG durch die Lande. Das Tempo ist gemütlich – denn das Nebenbahngleis ist alles andere als eine Rennbahn.

98 308
98 308
LP

Übers Land fahren

Epoche III

Noch zur Länderbahnzeit wurde eine Loktype entwickelt, die sich später als „Glaskasten" einen Platz in den Herzen der Eisenbahnfreunde eroberte. Hierbei handelte es sich um zweifach gekuppelte Dampfloks mit Heißdampftriebwerk und einer halbautomatischen Schüttfeuerung, die den Heizer einsparte. Dem verglasten Führerhaus verdankte die Lok ihren Spitznamen. Der Ausmusterungswelle in der Reichsbahnzeit fielen etliche Maschinen zum Opfer. So blieben beispielsweise nur neun von insgesamt 29 Maschinen der überarbeiteten dritten Serie erhalten. Sie bekamen die Nummern 98 301 bis 309. Märklin hat die niedliche kleine Lok ebenfalls in das Modellprogramm aufgenommen. Mit ihr lassen sich ansprechende Nebenbahnszenen darstellen.

Endstation

Epoche III

Wer glaubt, dass ein Endbahnhof einer eingleisigen Nebenbahn langweilig ist, der täuscht sich gewaltig. Denn hier müssen nicht nur die ankommenden Zugloks der Personenzüge umsetzen, nein, auch der Güterverkehr kann jede Menge Aktionen auslösen. Mit geschickt eingebauten Entkupplungsgleisen lassen sich die Güterwagen an die Ladestraße, den Landhandel oder zum Schotterwerk (rechts im Bild) bugsieren und wieder abholen. Eine Köf macht sich hier ausgesprochen gut.

Tiroler Impressionen

Epoche V

Der Bahnhof Reutte in Tirol ist wegen des dort noch umfangreichen Güterverkehrs interessant. Darüber hinaus fahren, aus dem Allgäu kommend, auch Dieseltriebzüge nach Reutte. Eine wichtige Rolle spielt hier der Holzumschlag. Um die schweren Züge bespannen zu können, darf hier der Taurus der ÖBB seine ganze Energie einsetzen. Das Bahnhofsgebäude wurde aus abgewandelten Industriebausätzen von Michael Siemens gefertigt.

Leichte Fracht

Epoche III

Schwere Güterzüge waren die Spezialität der Baureihe 45. Die Anfang der dreißiger Jahre von der Deutschen Reichsbahn entwickelten kräftigen Dreizylinder-Schlepptenderloks kamen auch nach dem Zweiten Weltkrieg zum Einsatz. Einige der Maschinen mit den markanten Wagner-Windleitblechen erlebten ab 1950 eine Modernisierung. Auf dieser Abbildung zieht die mächtige Dampflok einen kurzen gemischten Güterzug durch eine Mittelgebirgslandschaft.

Voralpenland

Epoche V

Wenn es darum geht, Güterzüge über längere Distanzen möglichst schnell befördern zu können, müssen starke Lokomotiven zum Einsatz kommen. Zu ihnen gehören die ab 1987 beschafften Elektroloks der Baureihe 120.1. Diese Maschinen werden zwar in der Regel im hochwertigen Personenverkehr eingesetzt, bespannen aber gelegentlich, wie hier in Doppeltraktion, auch Güterzüge. Loks und Wagen sind mit Alterungsspuren versehen worden, um ihnen ein vorbildgetreueres Aussehen zu verleihen. Vor herrlicher Bergkulisse ziehen zwei Exemplare dieser Baureihe mit einem gemischten Güterzug am Betrachter vorbei.

Ländlicher Güterumschlag

Epoche III

Früher, ja da war im Herbst in jedem ländlichen Bahnhof reges Treiben angesagt. Die Zuckerrübenkampagne weckte selbst das kleinste Kaff aus seinem Dornröschenschlaf. Bei Trix gab es dazu feines Zubehör, wie die Verladeeinrichtungen und auch passende Güterwagen.

Kleines Tanklager

Epoche III

Güterverkehr bringt immer Bewegung auf die Anlage, da hierbei viel rangiert werden kann. Hier ist es ein kleines Tanklager, gebaut aus handelsüblichen Bausätzen, welches für Rangierszenen sorgt. Auf drei Gleisen werden Kesselwagen beigestellt und nach dem Entladen wieder abgezogen. Die Wagen kommen mit der Übergabe hier an, oder auch mit einem Ganzzug, der aus mehreren Wagen gebildet wird. Bitte beachten: Rund um das Tanklager ist der Genuss von Tabakwaren strengstens untersagt!

Eva

DEUTSCH-ASIATISCHE
TEEHANDELGESELLSCHAFT
PETERSEN UND HANSEN
W. HEIERMANN & CONS.
SCHIFFSAUSRÜSTUNGEN
PROVIANT UND NAUTISCHE SPECIALARTIKEL
SEGELMACHEREI
HAMBURG ALTONA · BREMERHAVEN

Hamburger Speicherstadt

Epoche III

Das alte Hamburger Hafenviertel trägt den Namen Speicherstadt. Imposant ragen hier die Lagerhäuser mit ihren Backsteinfassaden empor. In der Epoche III war hier noch ein reges Zusammenspiel der drei Verkehrswege Straße, Schiene und Wasser zu beobachten. Heute steht die Speicherstadt unter Denkmalschutz und in den historischen Gebäuden hat so manche Agentur ein schickes Büro eingerichtet. Einen Blick zurück erlaubt dieses Diorama, das eine Verladeszene aus den sechziger Jahren darstellt.

An der Laderampe

Epoche III

Rund um den Güterschuppen von Auhagen ist werktags viel zu beobachten. Lastwagen liefern ihre Fracht zum Umschlag auf die Bahn hier an. In gedeckten Güterwagen geht es dann weiter zum Empfänger. Heute sind solche Szenen leider nurmehr auf der Modellbahn zu beobachten.

Kran im Hafen

Epoche V

Ein digitaler Drehkran sorgt im Hafen dafür, dass auch schwere Lasten rasch von den verschiedenen Verkehrsträgern umgeschlagen werden können. Hier klappt etwas, was leider in unseren Tagen immer weniger in Harmonie abläuft. Zu deutlich wird der Straßengüterverkehr protegiert. Ach wie gut, dass wir die Märklin-Bahn haben und hier eine ganz andere Verkehrspolitik gestalten können…

TRANSPORT DE ROULEAUX DE TO
Braun Spedition

Kornspeicher

Epoche V

Ein weiteres spannendes Güterverkehrsthema ist der große Kornspeicher, den Trix auf den Markt gebracht hat. Erfreulicherweise gibt es dazu auch passende Güterwagen, die bei allen europäischen Bahnverwaltungen im Einsatz sind. Vielleicht sind sie deshalb schon teilweise mit einer ordentlich schmutzigen Patina versehen, die man auch bei den Modellen nachbilden sollte.

TRANSCÉRÉALES
monfer
CEREALI
FERCAM

Gernsheim anno 1930

Epoche II

Diese Epoche-II-Szenerie ermöglicht einen Blick in längst vergangene Zeiten. Damals waren es noch die Dampflokomotiven, die rußig und laut den Eisenbahnalltag bestimmten. Hinzu kamen, insbesondere auf Nebenstrecken, zweiachsige, aus heutiger Sicht urig anzuschauende Personenwagen. Es gab nicht nur die 1. und 2. Wagenklasse, sondern auch noch eine 3. Und des Öfteren bildete ein Gepäckwagen das Ende eines Bummelzuges.

Gernsheim anno 1930

Epoche II

Das Reisen in Epoche II war noch etwas Besonderes. Die Distanzen erschienen viel länger, als sie heute zu sein scheinen. Dies lag sicher auch an den verhältnismäßig gemütlichen Reisetempi, welche die Dampflokomotiven vorlegten. Hasten und Rennen war wohl auch deshalb am Bahnsteig nicht angesagt. Man wartete geduldig auf die Ankunft des Zuges, der einen in die weite Welt hinausbrachte.

36.631
München Hbf
2
3

Köln Hauptbahnhof

Epoche IV

Die Uhren, hoch über den Köpfen der Menschen schwebend, geben den Rhythmus vor, hier ist ein Kommen und Gehen die Regel, hastiges Umsteigen. Und die Baureihe 103 ist das Symbol hoher Geschwindigkeit. Sie war die erste Baureihe, die planmäßig Tempo 200 fahren durfte. Die Halle baute übrigens der Kunstmaler Michael R. Gauss im Eigenbau, eine respektable Leistung.

Levi's
KÖLN HBF
DB
103 137-6

Große Schauanlage

Epoche IV

Nicht immer müssen es im Eigenbau entstandene Brückenkonstruktionen sein. Bei Märklin finden sich auch relativ einfach aufzustellende Elemente, wie diese Anlage eindrucksvoll unterstreicht. Die Breite des Flusses macht die Verwendung vieler Bogenbrücken glaubhaft. Auf dieser Anlage bstimmen Schnellzüge das Bild: Neben der 103 und ihrem IC Südwind ist auch der VT 11.5 unterwegs.

Winterzauber II

Epoche III

Harmonisch fügt sich dieser Zug mit einer Dampflokomotive der Baureihe 55 an der Spitze ins Winterbild. Eine idyllisch eingeschneite Landschaft umgibt das Gleis. Nach Durchfahrung eines Tunnels hat die Lok ihr Tempo gedrosselt. Fährt sie auf ein Halt zeigendes Signal zu? Die langsame Fahrt erlaubt es, die schmucke Maschine (Epoche-III-Modell) in Augenschein zu nehmen. Die Lokomotive der frühen Bundesbahnen lief einstmals als preußische Länderbahnlok unter der Bezeichnung G 8.1.

F

In der Wachau

Epoche V

Auf einer der großzügig angelegten Paradestrecken ist eine Railion-152 mit einem gemischten Güterzug unterwegs. Sie bringt Fracht aus dem Bayerischen zu einem Rangierbahnhof irgendwo im Osten Österreichs. Der im Hintergrund zu sehende Weinberg besteht aus einer Unzahl selbst gefertigter Rebstöcke im Miniformat. Auch die anderen begrünten Bereiche der Anlage bestechen durch ausgefeilte Details und eine naturnahe Ausgestaltung.

In der Wachau

Epoche V

Wie glücklich muss der Besitzer dieser Anlage sein, kann er doch mit feinsten Materialien großzügig trassierte Strecken genießen. Erbaut hat sie Josef Brandl, ein weithin bekannter Modellbauer, der vielfach für Privatkunden tätig wird. Diese Anlage zeigt nicht nur Motive aus der österreichischen Wachau, sie ist auch dort zu Hause. Ein Schnellzug mit mehr als acht Wagen fährt in völliger Harmonie zur Umgebung am Betrachter vorüber.

Laufsteg für Starloks

Epoche III

Die eleganten Elektroloks der Baureihe E 03 beeindruckten nicht nur durch ihre Zuverlässigkeit in den täglichen Einsätzen. Sie nahmen auch aufgrund ihres eleganten Äußeren etliche Eisenbahnfreunde für sich ein. Hier zeigt sich das Modell einer Vorserien-103 aus vorteilhafter Perspektive. Die legendäre Lok präsentiert ihre eleganten Rundungen samt vornehmem Chrom-Zierstreifen, der bei den Serienmaschinen durch einen einfachen Farbstreifen ersetzt wurde. Die Lok trägt noch einen Scherenstromabnehmer. Zur Regel wurden später die Einholmpantographen, mit denen die Serienloks ausgestattet waren.

DB
E03 004

Kleiner Haltepunkt

Epoche III

Mit ihrem chakteristischen V war die V 200 das Symbol der jungen, aufstrebenden Deutschen Bundesbahn. Wer sie je erlebt hat, sei es in jungen Jahren im Plandienst, oder heute vor Sonderzügen oder bei Privatbahnen mit Bauzügen, wurde in den Bann dieser Lok gezogen. Jörg Chocholaty hat das wunderbare Märklin-Modell noch optisch aufgewertet und damit in ein echtes Kleinod verwandelt.

212 224-0

Nebenbahnromantik

Epoche III

Anders als die V 200 wurde die V 100 nie als besonders kultig empfunden. Zu banal waren ihre Aufgaben. Oft mit nur einigen wenigen Güterwagen im Schlepp ging es auf eingleisigen Nebenbahnen über die Dörfer. Dennoch war die V 100 ein wichtiges Glied in der Reihe der Dieselloks und findet sich daher in Form von vielen Modellvarianten im Sortiment von Märklin.

Um die Jahrhundertwende

Epoche I

Zur Zeit der Wende vom 19. zum 20. Jahrhundert gehörten Pferdefuhrwerk, Kutsche und Handkarren im Nahbereich noch zu den alltäglichen Beförderungsmitteln. Die Eisenbahn übernahm dagegen die weitreichenderen und schnelleren Transporte. Der Anlagenausschnitt präsentiert sich epocherein. Von der Hintergrundkulisse, die baustilmäßig zur Ausführung der Häuser passt, bis hin zum Kopfsteinpflaster und natürlich der szenischen Ausgestaltung mit entsprechenden Figuren. Ein Dienstmann mit gelber Karre ist unterwegs zum Bahnhof.

Hubertus Schmidt
Schuhmacherei

Vorortverkehr

Epoche III

Ehemals fuhren die Elektrotriebzüge der Baureihe ET 87 in Schlesien. Im Jahr 1914 beschafft, versahen die schmucken Triebzüge den Dienst zwischen Nieder-Salzbrunn und Halbstadt. Nach 1945 fuhren noch drei ET 87 im Nürnberger Vorortverkehr. Ihre Einsatzzeit dauerte bis 1959. In diesem Jahr wurde das letzte Exemplar verschrottet. Ein stimmungsvolles Bild ergibt sich hier mit diesem Triebzug der jungen Deutschen Bundesbahn vor der Nachkriegs-Stadtkulisse, deren Tristesse von einem weichen Abendlicht gemildert wird.

Modellbahnschau Merklingen

Epoche V

Unweit des renovierten, stattlichen Empfangsgebäudes erstreckt sich das Bahnhofsviertel, eine Ansammlung alter, zum Teil sogar in gutem Erhaltungszustand befindlicher Stadthäuser im Fachwerkstil, die mit ihren bunten Schaufenstern und dem kleinen Markt am Straßenrand zum Bummeln einladen. Die Baulücken könnten darauf hindeuten, dass hier abbruchreife Gebäude der Abrissbirne anheim gefallen sind. Im Bahnhof selbst geben sich verschiedene Baureihen ein Stelldichein.

Modellbahnschau Merklingen

Die meisten Modellbahner versuchen, auf ihrer Anlage zwei Welten darzustellen: die Bimmelbahn einerseits und die schnelle moderne Bahn andererseits. Hier ist diese Idee ganz gut gelungen. Während die Paradestrecke das Anlagenvorfeld prägt, führt die Nebenbahn auf einer schönen Gitterbrücke in das hügelige Hinterland.

Modellbahnschau Merklingen

Epoche IV

Ausgehend von der Bahnhofsebene erstreckt sich die dahinterliegende Ortschaft auf den nächsthöheren Geländestufen. Diese Struktur wird auch von der Hintergrundkulisse eingehalten, die dem Betrachter eine hügelige Landschaft vorgaukelt. Eine Straße führt aus dem Ort hinaus. Auf ihr sind augenscheinlich Kraftfahrzeuge unterwegs zum nahe gelegenen Dorf, das sich weiter oben rechts aus dem grünen Hügelland erhebt. Im Bahnhof zieht eine Dampflok an einem modernen Lichtsignal vorbei. Es herrscht eine Zeit des Umbruchs.

Modellbahnschau Merklingen

Epoche V

Sorgfältig gestaltete Großanlagen, wie die der Modellbahnshow Merklingen, sind ein Genuss für den Betrachter. Hier findet man beispielsweise eine Kleinstadtszenerie samt ländlichem Bahnhof. Auf dieser Nebenbahn spielt der Personenverkehr zwar keine große Rolle mehr, dafür geht aber noch etwas in Sachen Fracht. Eine Cargo-Bedienfahrt, ausgeführt mit einer V 360, befördert Stammholz, Bretter und Schrott.

Ausflug mit der Bahn

Der Biergarten dieses Landgasthofes lockt vor allem Eisenbahnfreunde an. Hier können sie bei einem gemütlichen Glas Bier und Kartoffelsalat mit Würstel den vorbeifahrenden Zügen zusehen. Noch ist die Zeit der Dampfrösser nicht vorbei. Daher erleben die Biergartenbesucher das eine oder andere Spektakel: eine vorbeidonnernde 01.10 mit ihren Schnellzugwagen zum Beispiel. Das rythmische Stampfen des eleganten schwarzen Riesen übertönt für kurze Zeit sogar die munteren Blechklänge der zünftig aufspielenden Blaskapelle.

Betriebswerk und Rangierbahnhof

Epoche III

Hier ruhen die Lokomotiven für den Güterzugdienst aus. Ähnliche Anlagen gibt es beim Vorbild z. B. in Nürnberg. Dort sind auch die leistungsstarken Loks der Baureihen 151, 152 und 1016 (Taurus) beheimatet. Da die 101 gelegentlich Güterzüge schleppen darf, kommt sie natürlich auch in den Genuss, hier parken zu dürfen. Eine Augenweide ist die Fahrleitungsspinne über der Drehscheibe. Eben rückt eine 151 für den nächsten Dienst aus.

Impressum

Gesamtleitung: Thomas Schaller
Modellbau: Miniatur-Wunderland Hamburg, Jörg Brandl, Jörg Chocholaty, Märklin-Anlagenbau, Klaus Eckert, Tayfun Kes, Elvis Müller, Michael Siemens, Michael R. Gauss, Georg Kerber, Christinan Gränitz, Modellbahnshow Merklingen
Redaktionsteam: Klaus Eckert
Satz und Layout: Reinhard Jarczok, Winkl
Reproduktion: high-end-dtp-service, Augsburg
Gesamtherstellung: aprinta Druck GmbH & Co KG,
Senefelderstraße 3 - 11, 86650 Wemding

Printed in Germany

ISBN 3-8289-5404-9
Einkaufen im Internet: www.weltbild.de